Usterud · Dreyer · Hensley · Wang

Liebevolle Geschenke aus der Küche

Bassermann

Inhalt

Schenken Sie Gaumenfreude!

Das Leben ist reich an Gelegenheiten, um sich zu beschenken. In geselliger Runde isst man gern, denn dieser Genuss verschafft ein Wohlgefühl. Was liegt da näher als ein essbares Geschenk in liebevoller Verpackung? Eine hübsche Schleife, ein handgeschriebenes Etikett oder geschmackvolle Deko-Elemente reichen schon aus. Und es müssen auch keine kostspieligen, aufwendig herge-stellten Delikatessen sein – Hauptsache, alles ist mit Liebe gemacht.

Viele stöhnen darüber, dass ihr Zuhause mit allzu vielen Dingen vollgestopft ist. Was ist da besser als ein essbares Mitbringsel, das kaum Platz in Anspruch nimmt und bald im Bauch des Beschenkten verschwindet? Andere beschweren sich über die langweiligen, überteuerten Back-waren der Bäckereien. Überraschen Sie sie mit ein paar selbst gebackenen Keksen! Schenken Sie den Vielbeschäftigten ein leckeres, vollwertiges Essen, den Kuchenfans ohne Zeit zum Backen einen Kuchen oder erschöpften Eltern von kleinen Kindern, die es zu keiner Party mehr schaffen, einen Korb mit Käse, Crackern und Wein, damit sie zu Hause ein wenig feiern können.
Wir, die Autoren dieses Buchs, sind uns einig: Gaumenfreuden sind mit die schönsten Freuden, die man schenken kann. Daher haben wir hier eine breite Palette verschiedener Leckereien für unter-schiedlichste Gelegenheiten zusammengestellt, die meist im Handumdrehen zubereitet sind.

Heutzutage leiden wir oft unter einem allzu vollen Terminkalender und kommen kaum noch dazu, Kontakte, die uns wichtig sind, angemessen zu pflegen. Ein Geschenk aus der Küche kann hier der erste Schritt auf dem Weg zurück zu einem engeren Miteinander sein, denn man signalisiert: Du bist mir wichtig! Nicht umsonst heißt es: „Liebe geht durch den Magen".

Winter

Silvester läutet das neue Jahr und auch den Winter ein. Der Winter ist die Zeit der Dunkelheit und des Schnees, was zu paradoxen Verhaltensweisen führt: Abends stöhnt man noch über die Dunkelheit, geht früh zu Bett und fühlt sich trüb wie das Wetter. Morgens aber erwacht man bei Sonnenschein, der Schnee und Eis zum Glitzern bringt, schnallt sich Skier oder Schlittschuhe unter und findet zehn Grad minus plötzlich wundervoll.

Für Essen ist aber immer gesorgt, seien es Mitbringsel für die Silvesterfeier oder Verpflegung für Ausflüge in die Natur. Manchmal brauchen wir sättigende Tourverpflegung, manchmal ein wenig Balsam für die Seele oder auch echte Energiebomben. So mancher hat sich fürs neue Jahr einen neuen Lebensstil vorgenommen und möchte nur noch Gesundes essen. Die dunkle Winterzeit verbringt man am besten gemeinsam und beschenkt sich gegenseitig. Denn zusammen ist man weniger allein.

Roggenhefebrot

Ein wunderbares Brot, kompakt und lange haltbar, mit jeder Menge Ballaststoffe und Geschmack! So ein tolles Brot bekommt man nicht beim Bäcker um die Ecke – und es wird garantiert für Begeisterung sorgen. Echte Energiebündel haben vielleicht sogar noch Lust, ein wenig Leberpastete zuzubereiten und dazuzulegen?

Für 2–3 Brote in Formen mit 1,5–2 Litern Inhalt

700 g ganze Roggenkörner
350 g Sonnenblumenkerne
250 g Leinsamen
1 l kochendes Wasser

Körner und Samen mit dem kochenden Wasser übergießen, abkühlen lassen und über Nacht einweichen.

500 ml lauwarmes Wasser
270 g Weizenmehl
400 g Roggenvollkornmehl
1 EL Salz
60 g Malzextrakt
40 g frische Hefe
Saft von 1 Zitrone

Alle Zutaten mischen und zu einem klebrigen Teig verarbeiten, gern in einer Küchenmaschine. Die Körnermischung hinzufügen und alles zu einem glatten, geschmeidigen Teig verkneten. Den Teig **45 Minuten** ruhen lassen, bis er beginnt, aufzugehen. Die Formen mit Butter einfetten und bis zu 3–4 cm unter den Rand mit dem Teig befüllen. **20–30 Minuten** gehen lassen. Den Backofen auf **180 °C** vorheizen. Die Brote im vorgeheizten Ofen **1 Stunde** backen, bis sie schön braun und durchgebacken sind. Die Brote noch ein paar Minuten in der Form abkühlen lassen, dann herauslösen und auf einem Kuchengitter vollständig auskühlen lassen. Diese Brote schmecken kalt am besten. Wenn Sie es schaffen, sich zurückzuhalten, können Sie das Brot auch erst am folgenden Tag anschneiden.

Notizen:

Ingwer in Sirup mit Zitronengras

Schmeckt fantastisch zu Süßem und Herzhaftem!

500 g frischer Ingwer
500 g Zucker
500 ml Wasser
4 EL fein gehacktes Zitronengras mit größeren
  Stücken zum Dekorieren

Den Ingwer schälen, in Stücke nach Wunsch schneiden und in kochendem Wasser **30–40 Minuten** weich garen.

Zucker und Wasser aufkochen. Den gegarten Ingwer hineingeben und bei geringer Hitze (um den Siedepunkt herum) **30 Minuten** ziehen lassen. Das Zitronengras hinzufügen und ein paar weitere Minuten ziehen lassen. Alles in saubere, heiße Gläser füllen (am besten zuvor bei **100 °C** im Backofen erhitzen) und sofort den Deckel aufsetzen. Gut verschließen.

Notizen:

Konfitüre von
getrockneten Aprikosen

So einfach und doch sooo gut!
Zudem macht es einen Riesenspaß, auch mal im Winter etwas einzumachen.

500 g getrocknete Aprikosen
Wasser
200–250 g Zucker pro 500 g Frucht
Saft und Schale von 1 großen Zitrone
100 g Nüsse, z. B. Pistazien, geschält

Die Aprikosen über Nacht in Wasser einweichen.
Im Einweichwasser **15 Minuten** weich kochen.
Abgießen und die Aprikosen mit einem Stabmixer
oder in einer Küchenmaschine pürieren. Die Masse
wiegen. Pürierte Aprikosen, Zucker, Zitronenschale
und Saft in einen Topf füllen. Am besten einen
beschichteten Topf verwenden, da die Masse leicht
ansetzt. Die Konfitüre **5–10 Minuten** bei geringer
Hitze köcheln lassen. Dann die gehackten Nüsse
unterrühren. Die Konfitüre in heiße Gläser füllen
(zuvor bei **100 °C** im Backofen erhitzen) und sofort
gut verschließen.

Notizen:

Aprikos m Pistasj

Energiebombe

Ein tolles Geschenk für einen Freund, der unter Winterträgheit leidet.
Zudem ein energiereicher Snack, wenn uns bei der Arbeit die Müdigkeit übermannt.
Eine Handvoll davon tut wahre Wunder.

Je eine kleine Handvoll

Walnusskerne
Paranusskerne
geröstete Mandelkerne
geröstete Haselnusskerne
geröstete Pinienkerne
Pistazienkerne
Cashewkerne
getrocknete Cranberrys
Rosinen
getrocknete Gojibeeren (aus dem Reformhaus
  oder Asia-Shop) oder andere Trockenfrüchte

Alles mischen und in einem dicht verschließbaren
Behälter aufbewahren.

Partytipp

Alle Nüsse in einer trockenen Pfanne
rösten, 2 Esslöffel Sojasauce zugießen und
verdunsten lassen. Himmlisch lecker!

Notizen:

Die weltbesten Müsliriegel

Nichts ist schlimmer als Heißhunger auf Süßes, insbesondere, wenn man sich fürs neue Jahr eigentlich vorgenommen hatte, sich besser und gesünder zu ernähren. Doch es gibt eine Lösung: gesunde Süßigkeiten! Klingt zu gut, um wahr zu sein? Keinesfalls! Diese Müsliriegel sind wunderbar süß, enthalten aber keinen Zucker oder künstliche Süßstoffe. Sie sind zugleich gesund und schmackhaft. Also, keine leeren Kalorien, sondern eine herrliche Leckerei, bei der man ohne Reue richtig zugreifen kann.

130 g getrocknete Datteln
40 g Mandeln
40 g Sonnenblumenkerne
30 g Kokosraspel oder geriebene Kokosnuss
2-cm-Stück Ingwerwurzel, frisch gerieben
40 g Sesamsaat (nach Belieben)

Die Datteln entsteinen, in einer Küchenmaschine grob hacken und in eine Schüssel geben. Die Mandeln hacken und zusammen mit den übrigen Zutaten in die Schüssel füllen. Alles mit den Händen gut vermengen. Nach Wunsch zu Kugeln oder Riegeln formen. Dann zum Beispiel in Sesamsaat oder fein gehackten Nüssen wenden. Geschmacklich lassen sich die Riegel mit fein gehackten getrockneten Beeren oder Gewürzen wie Muskat oder Zimt variieren.

Notizen: _____

_____

_____

Müslikekse mit Schokolade

Hier die perfekte Aufbaukost fürs Wandern oder Skilaufen. Lecker süße Kekse, die sättigen und auf den kommenden Kilometern genügend Energie liefern.

125 g Butter
100 g Rohrohrzucker
100 g heller Sirup
75 g getrocknete Aprikosen oder andere
  Trockenfrüchte, gehackt
50 g gemischte Nusskerne, gehackt
50 g Sonnenblumenkerne
100 g Schokolade, gehackt
360 g Haferflocken
geschmolzene Kuvertüre, zum Eintauchen

Den Backofen auf **175 °C** vorheizen. Eine kleine, rechteckige Backform (20 cm x 30 cm) gut mit Butter einfetten oder mit Backpapier auslegen. Butter, Zucker und Sirup in einem Topf bei geringer Hitze erwärmen, bis die Butter schmilzt. Dann leicht abkühlen lassen. Aprikosen, Nüsse, Sonnenblumenkerne, Schokolade und Haferflocken in eine Schüssel geben. Die Buttermischung zugießen und alles gut verrühren. Den Teig in die Form geben und bis zum Rand verstreichen. **30–40 Minuten** backen, bis er am Rand goldbraun geworden ist. Aus dem Ofen nehmen und in der Form abkühlen lassen, bis er fast kalt ist. Dann auf ein Schneidebrett legen und in Stücke nach Wunsch schneiden. Die Stücke in die geschmolzene Kuvertüre tauchen. Alternativ den Teig teelöffelweise auf Backpapier geben und goldbraun backen.

Chocolate-Chip-Cookies

Der amerikanische Klassiker, den alle lieben.
Machen Sie die Cookies schön groß und legen Sie sie in CD-Papierhüllen.
Leicht zu transportieren, praktisch zu essen – und richtig stylisch!

225 g Weizenmehl
1 TL Natron
20 g ungesüßtes Kakaopulver
200 g weiche Butter
400 g brauner Zucker
1 TL Vanillezucker
2 Eier
180 g Haferflocken
300 g Zartbitterschokolade, gehackt

Den Backofen auf **175 °C** vorheizen. Mehl, Natron und Kakao in einer Schüssel mischen. Butter, Zucker und Vanillezucker in einer separaten Schüssel zu einer hellen, luftigen Masse aufschlagen. Die Eier leicht verquirlen und zusammen mit den Haferflocken unter die Buttermasse rühren. Die Mehlmischung hinzufügen und gründlich untermengen. Schließlich die Schokolade behutsam unterheben, um die Stücke nicht zu zerdrücken. Den Teig mit ausreichend Abstand in Form von Häufchen auf ein mit Backpapier ausgelegtes Backblech setzen. Die Häufchen flach drücken und je nach Größe **8–15 Minuten** backen.

Wenn die Schokoladenstücke besser zu sehen sein sollen, lassen Sie das Kakaopulver einfach weg.

Notizen: _____

Panna cotta

Diesen beliebten Dessertklassiker wird man niemals leid. Sein feiner Geschmack lässt sich gut kombinieren. Meist werden dazu rote Beeren in Form von Sauce, Konfitüre, zerdrückt oder im Ganzen serviert. Aber auch andere Obstsorten oder Schokolade passen gut dazu. Wenn Sie bei einer Feier für das Dessert verantwortlich sind, können Sie mit diesem Rezept große Erfolge feiern. Machen Sie kleine Portionen, denn Panna cotta ist ziemlich mächtig.

500 g Schlagsahne (oder halb H-Milch, halb Sahne)
½ Vanillestange
40 g Zucker
2 Blatt Gelatine

Die Sahne in einen Topf gießen. Die Vanillestange längs spalten, das Mark herauskratzen und in die Sahne geben. Den Zucker hinzufügen und alles langsam erhitzen. Dann **15 Minuten** sacht köcheln lassen. Die Vanillestange entnehmen. Die Gelatineblätter **5 Minuten** in kaltem Wasser einweichen. Etwas Sahne in eine Schüssel geben, die Gelatineblätter aus dem Wasser nehmen und in der Sahne auflösen. Zurück in den Topf gießen und gut umrühren. Die Sahnemasse auf kleine Gläser oder Schalen verteilen und im Kühlschrank mindestens **4 Stunden** fest werden lassen. Wenn die Früchte unter der Panna cotta platziert werden sollen, füllen Sie je einen Löffel Fruchtmasse in die Gläser und geben Sie die Sahnemasse darüber. Andernfalls die Panna cotta kurz vor dem Servieren mit Obst belegen.

Tipp

Gläser ohne Deckel sollten für den Transport mit einem Stück Baumwolle abgedeckt werden. Das sieht hübsch aus und gibt den nötigen Schutz.

Bohnen-Mix und
gebackene Bohnen

Die Auswahl an Hülsenfrüchten ist in den meisten Supermärkten eher spärlich. Drehen Sie daher einmal eine Runde im nächsten türkischen oder arabischen Lebensmittelmarkt und stellen Sie eine schöne Bohnenmischung als Geschenk zusammen. Gerne auch mit einem guten Rezept für eine Suppe, einen Eintopf oder einen Bohnensalat.

Bohnen-Mix

Je eine Handvoll unterschiedlicher Bohnensorten in schönen Farben, zum Beispiel:

Kidneybohnen
Borlottibohnen
Mungbohnen
schwarze Bohnen
Augenbohnen
weiße Bohnen
Kichererbsen

Tipp

Aus einer alten Tischdecke, die nicht mehr verwendet wird, lassen sich für die Bohnen hübsche kleine Säckchen nähen.

Gebackene Bohnen

250 g getrocknete Bohnenkerne
1 große Zwiebel
3 Knoblauchzehen
4 Selleriestangen
2 Karotten
1 Bund glatte Petersilie
200 ml Weißwein
2 l gute Fleisch- oder Gemüsebrühe
   (oder mehr)

Die Bohnen über Nacht in reichlich kaltem Wasser einweichen. Anschließend gut abspülen und bis zur Verwendung abtropfen lassen. Den Backofen auf **180 °C** vorheizen. Zwiebel und Knoblauch hacken. Gemüse und Petersilie klein schneiden. Bohnen und Gemüse in eine Auflaufform füllen und mit Wein und Brühe übergießen. Die Form mindestens **2 Stunden** in den Ofen stellen, bis die Bohnen gar sind. Zwischendurch prüfen und bei Bedarf mehr Flüssigkeit zugießen. Falls die Bohnen an der Oberfläche braun werden, in die Sauce drücken.

Notizen: _____

Schnelles Knäckebrot

Genial einfach und unglaublich lecker ist dieses Knäckebrot, das zudem im Handumdrehen zubereitet ist. Das perfekte Geschenk für jemanden, der sich fürs neue Jahr einen gesünderen Lebensstil angewöhnen möchte – denn es besteht fast nur aus Ballaststoffen.

240 g Roggenvollkornmehl
120 g leicht gekochte
   Haferflocken
200 g Sonnenblumenkerne
70 g Leinsamen
70 g Sesamsaat

1 TL Salz
700 ml Wasser
zusätzliche Sonnenblumen-
   kerne und/oder Sesamsaat
   (nach Geschmack)

Den Backofen auf **180 °C** vorheizen. Zwei Backbleche mit Butter einfetten oder mit Backpapier auslegen. Alle Zutaten zu einem klebrigen Teig vermengen. Den Teig auf die Bleche verteilen und mit einem Teigschaber gleichmäßig verstreichen. Nach Belieben mit zusätzlichen Kernen oder Samen bestreuen. Den Teig mit einem Messer oder Pizzarad in Stücke nach Wahl schneiden, dann beide Bleche in den Ofen geben. **25 Minuten** backen, dann die Position der Bleche tauschen und weitere **25 Minuten** backen. Falls das Knäckebrot noch weich ist, **10–20 Minuten** weiterbacken. Den Ofen ausschalten, die Ofentür einen Spalt öffnen und das Brot im Ofen vollständig auskühlen lassen. Selbstverständlich lässt sich die Teigmenge auch halbieren und nur ein Blech zubereiten. In diesem Fall verkürzt sich die Backzeit.

Deko-Tipp

Für eine dekorative Schnur schneiden Sie aus verschiedenen Papierstücken Kreise aus und nähen Sie diese zusammen.

Notizen:

Marinierter Feta mit
Minze und Zitrone

Mit einem guten Käse und qualitativ hochwertigem Öl als Gastgeschenk kann man eigentlich nichts falsch machen. Hier eine frische Variante mit Minze und Zitrone.

300 g Feta
1 Handvoll Minze
½ Zitrone, in Scheiben
hochwertiges, mildes Olivenöl
frische Chiliringe für eine scharfe Note
   (nach Geschmack)

Den Käse in Stücke schneiden. Die Zutaten in ein sauberes Glas schichten und mit Olivenöl bedecken.

Tipp

Da man viele essbare Geschenke in Gläsern oder Bechern aufbewahren kann, sollten Sie sich eine Sammlung hübscher Gläser und Gefäße zulegen. So haben Sie bei Bedarf immer etwas Passendes zur Hand. Es gibt viele hübsche Marmeladengläser oder Ähnliches, die Sie ausspülen und neu verwenden können. Falls die Deckel etwas zu schmucklos sind, bedecken Sie sie einfach mit einem Stück Stoff und binden Sie eine Schnur darum.

Notizen:

Frühling

Endlich hat die Winterträgheit ein Ende, und wir fühlen uns wieder frischer. Das sicherste Zeichen dafür, dass der Frühling im Anmarsch ist, sind die vielen Menschen, die hinausströmen, um sich das Gesicht von den ersten Sonnenstrahlen streicheln zu lassen. Wir sitzen dann draußen, selbstverständlich gut in Decken und Jacken eingepackt und mit einer Tasse Kaffee und einem Brötchen in der Hand – aber ohne Handschuhe – und genießen die milde Jahreszeit! Dann kommt Ostern, und überall tropft es von den Dächern in den nassen Schnee. Doch bald schon ist der Schnee verschwunden, und der Frühling schreitet zur Tat.

Jetzt ist Zeit für Gartenarbeiten und für Flohmärkte. Es kommen die Feiertage mit dem Höhepunkt Pfingsten; Konfirmationen und die ersten Schulabschlüsse stehen ebenfalls auf dem Programm. Viele Gelegenheiten also, um kleine Köstlichkeiten zu verschenken.

Spargel mit Käse und Sauce

Da Spargel nur kurz Saison hat, sollten Sie dieses fantastische Gemüse so oft wie nur möglich zubereiten. Spargel ist perfekt für einen frühlingshaften Brunch oder als kleines Dankeschön für den Nachbarn. Wenn man noch fertig geriebenen Käse und eine gute Sauce mitbringt, muss der Beschenkte nur noch einen Topf mit gesalzenem Wasser aufsetzen und schon ist die beste Vorspeise der Welt fertig.

1 Bund grüner Spargel
50 g Parmesan, frisch gerieben

Sauce

1 EL Dijon-Senf
1 EL Weißweinessig
1 Eigelb
½ Knoblauchzehe, zerdrückt oder
   fein gehackt
100–150 ml mildes natives Olivenöl extra
   oder halb Olivenöl, halb Sonnenblumenöl
Salz und Pfeffer

Senf, Essig, Eigelb und Knoblauch verquirlen. Nach und nach ein wenig Öl hinzufügen und dabei immer in dieselbe Richtung rühren. Weiter Öl zugießen, bis eine glatte mayonnaiseartige Sauce entstanden ist. Mit Salz und Pfeffer abschmecken.

Notizen: _____

_____

_____

Artig
sjokk

Artischocken in Öl

Einfach, dekorativ und unglaublich lecker: Diese Artischocken passen ebenso gut zur kalten Platte wie zum Grillabend. Ein Gericht, das schnell zubereitet ist und so wunderhübsch aussieht, dass die Verpackung Nebensache wird. Für die Deko hat man meist ohnehin alles zu Hause: ein Einmachglas, ein Stück Bindfaden, ein Stück Stoff (zum Beispiel ein Stoffstück für den Deckel) – und fertig ist ein tolles Geschenk für den Gastgeber.

1 Dose Artischockenherzen
2 Knoblauchzehen
½ Zitrone
1 grüne Chili
mildes natives Olivenöl extra

Die Artischockenherzen vierteln. Knoblauch und Zitrone in dünne Scheiben, die Chili in dünne Ringe schneiden. Alles in ein sauberes Glas schichten und mit Öl bedecken. Man kann die Artischocken bereits nach ein paar Stunden essen, besser schmecken sie allerdings, wenn sie ein paar Tage oder länger durchziehen können.

Notizen: _____

_____

_____

Frischkäseaufstrich mit Kaviar

Hier ein wunderbar unkompliziertes, aber extravagantes Rezept. Wenn Sie die Zutaten dafür im Kühlschrank liegen haben, können Sie den Aufstrich in Minutenschnelle zubereiten. Perfekt für Menschen mit chronischem Zeitmangel, die trotzdem etwas Besonderes mitbringen möchten. Hier noch ein toller Tipp: Richten Sie den Aufstrich auf einem Teller aus einer Porzellanserie an, die der Gastgeber oder die Gastgeberin besonders schätzt.

250 g Speisequark oder Schichtkäse
100–200 g Crème fraîche
200 g Lachs- oder Forellenkaviar
1 EL gehackte rote Zwiebel
1 kleine Handvoll Rucola, Dill oder
*   Schnittlauch, zum Dekorieren*
Pfeffer

Quark und Crème fraîche zu einer glatten Creme aufschlagen. Auf einer kleinen Platte verstreichen. Den Kaviar darauf verteilen, dann mit Zwiebel und Rucola bestreuen. Mit frischem Pfeffer aus der Mühle würzen – und schon ist ein wunderbarer Brotaufstrich fertig.

Notizen: _____

_____

_____

Mini-Sandwiches

Hier ein typischer Vertreter der Rezeptkategorie „besonders, aber schnell gemacht".
Bei fertig aufgeschnittenem Toast geht es sogar im Handumdrehen, und die Füllung
lässt sich unendlich variieren – toll für unterwegs. Den Frischkäse kann man auch durch
Hummus, Pesto oder anderen Aufstrich ersetzen. Wählen Sie einfach Salat-, Gemüse-,
Käse-, Fisch- und Fleischsorten aus, die der Beschenkte besonders schätzt. Man wird
Sie dafür lieben.

Kombinationsbeispiele

Heller Toast mit:
100 g Doppelrahmfrischkäse
1 kleines Bund Schnittlauch
200 g Räucherlachs
¼ Salatgurke, in feinen Scheiben

Vollkorntoast mit:
100 g Doppelrahmfrischkäse
200 g Schinken
1 Tomate, in dünnen Scheiben
1 Handvoll Basilikum, fein zerzupft

Notizen: _____

_____

Obstkuchen mit Kokos

Diesen herrlichen Obstkuchen kann man ganz nach Geschmack (oder Vorrat) mit frischen oder tiefgefrorenen Früchten belegen. Die Zutaten sind in jedem Vorratsschrank vorhanden, und er ist superschnell und einfach zuzubereiten. Nehmen Sie für diesen Kuchen einfach die Früchte, die gerade in der Obstschale oder im Gefrierschrank liegen.

2 Eier
240 g Zucker
150 g Weizenmehl
100 g Butter, zerlassen
3 EL Kokosraspel
200 g Früchte oder Beeren
Zucker zum Bestreuen der Früchte
(nach Geschmack)

Den Backofen auf **175 °C** vorheizen. Eier und Zucker in einer Schüssel schaumig schlagen. Mehl und Butter hinzufügen und alles vermengen. Eine Quiche- oder Tarteform mit Butter einfetten und mit Kokosraspeln ausstreuen. Boden und Ränder der Form müssen ganz bedeckt sein. Den Teig in die Form füllen. Die Früchte säubern und bei Bedarf in Stücke schneiden. Nach Belieben zuckern. Auf dem Teig verteilen und ein wenig eindrücken. Mit Kokosraspeln bestreuen. Den Kuchen **25 Minuten** goldgelb backen.

Notizen: _____

_____

_____

Hummus

Diese orientalische Speise wird auch bei uns immer beliebter. Hummus ist zugleich mild und aromatisch und passt zu fast allem. Füllen Sie den Hummus in ein Glas, damit der Beschenkte es direkt in den Kühlschrank stellen kann. Hummus eignet sich als Dip, Sauce oder Brotaufstrich auf der kalten Platte oder auch zu Gegrilltem. Doch das Beste kommt erst noch: Hummus ist sehr gesund!

2 Dosen gekochte Kichererbsen (oder 150 g getrocknete, über Nacht in Wasser eingeweicht und weich gekocht)
Saft von 1–2 Zitronen
1–2 Knoblauchzehen, zerdrückt oder fein gehackt
100 g Tahini (Sesampaste, in türkischen Lebensmittelläden oder Asia-Shops)
½–1 TL gemahlener Kreuzkümmel
2–3 EL natives Olivenöl extra
Salz

Die Kichererbsen unter fließend kaltem Wasser abspülen und abtropfen. In der Küchenmaschine oder mit einem Stabmixer fein pürieren. Die übrigen Zutaten gut unterrühren und mit Salz abschmecken. Der Hummus sollte eine cremige Konsistenz aufweisen. Falls er noch zu dick ist, können Sie ihn mit dem Kochwasser von den Kichererbsen oder, bei Dosenware, mit etwas Wasser verdünnen.

Notizen: _____

_____

Sprossen zum Selberziehen

Ein originelles und spannendes Geschenk! Zugegeben, auf den ersten Blick wirkt es vielleicht etwas schmucklos, einen Kasten oder einen Topf mit Erde zu verschenken. Fordern Sie den Beschenkten auf, den Kasten ins Licht zu stellen und täglich vorsichtig zu wässern. Nach kurzer Zeit kommt dann das eigentliche Geschenk zum Vorschein, denn in der Erde stecken natürlich Kräuter- oder Sprossensamen. Versuchen Sie es mit Rucola oder Petersilie – die wachsen auch ohne grünen Daumen. Falls Sie nicht einfach nur Erde verschenken möchten, können Sie die Keimlinge auch vorziehen und dann verschenken.

1 Kästchen oder Topf
Plastikfolie, um ein nicht wasserdichtes Gefäß
*   auszukleiden (nach Bedarf)*
Hydrosteine
Blumenerde
Samen

Wenn Sie ein Holzkästchen verschenken, sorgen Sie dafür, dass es wasserdicht ist. Kleiden Sie es am besten mit Plastikfolie aus. Geben Sie dann eine Lage Hydrosteine hinein und füllen Sie mit Erde auf. (Sie können auch einen Blumentopf mit einem Loch an der Unterseite verwenden und auf einen Untersetzer stellen. In diesem Fall können Sie auf die Hydrosteine verzichten.) Dann so verfahren, wie auf dem Samenbeutel angegeben, und warten. Bald keimt und wächst es ganz ungemein!

Notizen: _____

_____

_____

Lemon Curd –
Englische Zitronencreme

Diese wunderbar frische englische Zitronencreme kann man für verschiedene Desserts und Kuchen verwenden. Auf Feiern, bei denen jeder einen Kuchen mitbringt, lockt meist auch ein Käsekuchen, zu dem Lemon Curd ganz ausgezeichnet passt. Als Gastgeschenk ist die Creme, die im Kühlschrank zwei Wochen haltbar ist, ebenfalls ideal.

3 Zitronen (Bioware)
135 g Zucker
50 g Butter
2 EL Speisestärke
2 Eier + 2 Eigelb

Die Zitronenschale abreiben und von zwei Zitronen den Saft auspressen. Schale und Saft mit Zucker und Butter in einem Topf bei mittlerer Hitze erwärmen. Rühren, bis Butter und Zucker geschmolzen sind, dann aufkochen und vom Herd nehmen. Die dritte Zitrone auspressen, den Saft mit der Speisestärke glatt rühren und unter die Zucker-Butter-Mischung rühren. Eier und Eigelb verquirlen und ebenfalls unterrühren. Dann bei geringer Hitze unter ständigem, behutsamem Rühren erwärmen, bis die Creme andickt, sie darf nicht kochen. Die Creme in ein sauberes Glas (am besten zuvor bei 100 °C im Backofen erhitzen) füllen und abkühlen lassen.

Notizen: _____

_____

Brownies

Brownies sind bei jeder Gelegenheit ein Hit. Sie sind im Handumdrehen zubereitet und immer begehrt. Bestäuben Sie sie einfach mit Puderzucker und schneiden Sie sie auf dem Blech in Stücke. Richtig toll sieht hier ein Rautenmuster aus – zu sehen auf dem Bild.

Für ein großes Backblech mit hohem Rand

375 g Butter

375 g Zartbitterschokolade, in Stücken

6 Eier

500 g Zucker

225 g Weizenmehl

75 g ungesüßtes Kakaopulver (je nachdem, wie dunkel der Kuchen werden soll)

1 TL Vanillezucker

4 EL gehackte Nüsse (nach Belieben)

Den Backofen auf **200 °C** vorheizen und ein Backblech mit hohem Rand mit Backpapier auslegen. Die Butter schmelzen. Den Topf vom Herd nehmen, die Schokoladenstücke in die Butter legen und schmelzen lassen. Eier und Zucker schaumig schlagen. Mehl, Kakao, Vanillezucker und nach Belieben Nüsse mischen. Die Schokolade unter die Eimasse ziehen und schließlich die Mehlmischung gleichmäßig unterrühren. Den Teig auf dem Blech verstreichen. **15–20 Minuten** im Ofen backen. Auf einem Kuchengitter abkühlen lassen und in Rauten schneiden.

Notizen: _____

_____

Focaccia mit Fleischbällchen

Perfekt für ein Picknick! Das Einzige, was noch fehlt, sind Ketchup, Getränke und Servietten. Sie können auch fertige Fleischbällchen verwenden. In diesem Fall einfach direkt aus dem Beutel in den Teig drücken und backen. Selbst gemachte Fleischbällchen müssen nicht durchgebraten sein, wenn man sie auf den Teig gibt. Die Fleischbällchen lassen sich auch durch Kirschtomaten, Oliven, Käsestücke oder Kräuter ersetzen.

Für ein Backblech mit hohem Rand

350 ml lauwarmes Wasser
100 ml Öl
25 g frische Hefe
½ EL Honig oder Zuckerrübensirup
600 g Weizenmehl
1 Prise Salz

Wasser, etwas Öl, Hefe und Honig oder Sirup verquirlen. Mehl und Salz hinzufügen und zu einem dicken Teig verrühren. Den Teig **25 Minuten** gehen lassen. Den Backofen auf **250 °C** vorheizen. Ein Backblech mit hohem Rand mit Backpapier auslegen und den Teig direkt aus der Schüssel auf das Blech geben. Mit dem restlichen Öl beträufeln und den Teig gleichmäßig auf dem Blech verteilen. Die Fleischbällchen fest in den Teig drücken. Nochmals **10 Minuten** gehen lassen und dann **10–15 Minuten** im vorgeheizten Ofen backen. Vorsicht, die Focaccia brennt bei der hohen Hitze schnell an! Auf einem Kuchengitter abkühlen lassen.

Fleischbällchen

100 g Weißbrot
3 Knoblauchzehen, gehackt
1 EL fein gehackte rote Chili (nach Geschmack)
1 Zwiebel, gehackt
150 ml Vollmilch
500 g Hackfleisch halb und halb
1 Ei
1 TL Salz
½ TL Pfeffer
2 EL Butter + 2 EL Öl, zum Braten

Weißbrot, Knoblauch, Chili, Zwiebel und Milch in einer Küchenmaschine zu einer glatten Masse verarbeiten. Das Hackfleisch hinzufügen und weiterverarbeiten. Schließlich das Ei unterrühren, bis eine geschmeidige Masse entstanden ist. Mit Salz und Pfeffer abschmecken. Einen Löffel in Wasser tauchen und damit kleine Kugeln aus der Masse abstechen. Butter und Öl in einer nicht zu heißen Pfanne erhitzen und die Bällchen darin rundum braun braten. Da sie mit dem Focaccia-Teig noch im Ofen gebacken werden, müssen die Fleischbällchen nicht durchgebraten sein.

Zimtschneckenrad

Frisch gebackene Hefekuchen gehören zu den Dingen, die das Leben lebenswert machen. Gerade Zimtschnecken sind immer ein Renner, wenn Sie etwas zur Kuchentafel beitragen oder die Kollegen einmal verwöhnen möchten. In einer Form gebacken sehen die Schnecken nicht nur sehr hübsch aus, sie sind auch leichter zu transportieren.

Für 16–20 Schnecken

1 kg Weizenmehl
175 g Zucker
150 g Butter
10 g frische Hefe
550 ml lauwarme Milch

Für die Füllung

(für ein kleineres Teigrechteck weniger
Füllung zubereiten)
160 g Zucker
200 g weiche Butter
3 TL Zimt (nach Geschmack mehr)

Mehl und Zucker in einer Schüssel vermischen. Die Butter entweder mit den Fingerspitzen oder in einer Küchenmaschine einarbeiten. Die Hefe zerbröckeln und in der Milch auflösen. Die Hefemischung in die Schüssel geben und alles in der Küchenmaschine oder von Hand gut verkneten. Den Teig auf das Doppelte aufgehen lassen. Für die Füllung Zucker und Butter cremig rühren. Den Zimt nach Geschmack zugeben. Eine runde Form mit Butter einfetten oder mit Backpapier auslegen.

Den Backofen auf **200 °C** vorheizen. Den Teig zu einem großen Rechteck ausrollen. Je größer und dünner das Teigrechteck ist, desto mehr Füllung benötigen Sie. Die Füllung auf dem Teig verstreichen und von der langen Seite her aufrollen. Die Teigroulade mit einem dünnen, scharfen Messer in Scheiben schneiden. Die Scheiben mit ein paar Millimetern Abstand nebeneinander in die Form legen, da sie beim Backen aufgehen. Nochmals **30 Minuten** gehen lassen.

Die Schnecken vor dem Backen nach Belieben mit Zucker oder Hagelzucker bestreuen. Dann **15–20 Minuten** im vorgeheizten Ofen schön goldbraun backen.

Notizen: _____

Rhabarberkonfitüre

Im Frühling wächst der Rhabarber sehr üppig. Wie wäre es da einmal mit dieser unglaublich leckeren Konfitüre, die überdies sehr einfach herzustellen ist? Ohne viel Mühe hat man eine große Portion eingekocht, mit der man nicht nur sich selbst, sondern auch anderen lieben Menschen eine Freude machen kann.

1 kg Rhabarber
½ Vanillestange
750 g Zucker (nach Belieben halb Zucker,
*   halb Gelierzucker)*
Saft von 2 Zitronen
3-cm-Stück frische Ingwerwurzel, gerieben

Die äußeren Hautschichten und Fäden vom Rhabarber abziehen und die Stangen in 2 cm lange Stücke schneiden. Die Vanillestange längs spalten und das Vanillemark herauskratzen. Alle Zutaten in einen Topf geben und aufkochen. **15–20 Minuten** leicht köcheln lassen. Die heiße Konfitüre in saubere, heiße Gläser füllen. (Während die Konfitüre einkocht, die Gläser mit kochendem Wasser aus einem Wasserkocher abspülen und bei **100 °C** im Backofen erhitzen.) Sofort verschließen und die Gläser bei Zimmertemperatur abkühlen lassen.

Die Konfitüre an einem kühlen Ort aufbewahren.

Notizen: _____

_____

_____

Der Sommer ist die Jahreszeit, in der man am meisten Zeit mit anderen verbringt – beim Grillen, bei Wanderungen, auf Hochzeiten oder in den Ferien. Wir sind jetzt häufig draußen an der frischen Luft und genießen die Wärme. Die hellen Morgen und die langen Abende wirken wie eine Energiespritze, und wir haben riesige Lust, den Menschen, die wir lieben, eine Freude zu machen.

Zudem strotzt der Sommer nur so vor herrlich leckerem, vollreifem Obst und Gemüse! Von Reisen in den Süden nehmen wir deshalb gern ein paar Köstlichkeiten mit nach Hause, die bei uns entweder schwer zu bekommen oder einfach unbezahlbar sind. Derlei Geschenke werden ganz besonders geschätzt.

Baisers

Süße Verführung pur sind diese locker-luftigen Baiserrosetten. Ein perfektes Geschenk für die Braut zur Hochzeit oder auch für die allerliebste Freundin.

6 Eiweiß
300 g Puderzucker
2 TL Speisestärke
1 TL Essig

Den Backofen auf **80–100 °C** vorheizen. Das Eiweiß steif schlagen. Nach und nach unter Rühren den Puderzucker zufügen und weiterschlagen, bis ein fester, glänzender Eischnee entstanden ist. Schließlich Speisestärke und Essig unterrühren. Die Baisermasse mit einem Löffel in kleinen Tupfen auf ein mit Backpapier ausgelegtes Backblech setzen. Alternativ aus einer Spritztülle direkt aufs Backblech spritzen. Die Baisers im vorgeheizten Ofen **1–1½ Stunden** backen, bis sie ganz trocken sind.

Ganz besonders dekorative Baisers erhält man durch die Zugabe von etwas Beerenpüree. Einfach ein wenig Püree nur ganz leicht unter die fertige Baisermasse rühren, damit das Gebäck wie marmoriert wirkt. Dann wie oben beschrieben auf das Blech setzen.

Notizen: _____

_____

_____

Cocktails für einen Mädelsabend

Gerade im Sommer sind fruchtige Cocktails ein Hochgenuss. Sie sind ein perfektes Mitbringsel auf einem Sommerfest, insbesondere, wenn sie in hübsche Flaschen abgefüllt werden.

Grundrezept für Limonade

Saft von 3 Zitronen
Saft von 3 Limetten
1 l Wasser
120 g Zucker

Alles mischen und so lange rühren, bis der Zucker vollständig aufgelöst ist.

Erdbeer-Daiquiri

1 Schale aromatische Erdbeeren
700 ml Limonade
Puderzucker (nach Geschmack)
weißer Rum
zerstoßenes Eis

Alles in einem Mixer vermengen und mit Puderzucker nach Geschmack süßen.

Frozen Margarita

1 l Limonade
Puderzucker (nach Belieben)
Cointreau
Tequila
zerstoßenes Eis
Salz

Die Limonade mit Puderzucker abschmecken, falls sie noch zu sauer ist. Dann mit Cointreau, Tequila und zerstoßenem Eis mixen. Das Salz am Glasrand nicht vergessen!

Notizen: _____

Holunderblütensaft

Ende Mai beginnt der schwarze Holunder zu blühen, aus dessen weißen Blütendolden man einen köstlichen Saft herstellen kann. Sammeln Sie die Blüten bei trockenem Wetter und wählen Sie nur frisch aufgeblühte aus – diese haben am meisten Geschmack. Dieser Saft schmeckt köstlich und er kann auch als Süße für Kuchen oder Desserts verwendet werden.

60 Blütendolden von schwarzem Holunder
3 Zitronen
1 l Wasser
2 kg Zucker
20–25 g Zitronensäure

Die Blütendolden in eine Schüssel legen. Die Zitronen in Scheiben schneiden. Das Wasser mit Zitronenscheiben und Zucker zum Kochen bringen. Die Zitronensäure unterrühren und alles noch heiß über die Blüten gießen. Die Schüssel abdecken und 3 Tage an einem kühlen Ort ziehen lassen.

Den Saft abseihen und in saubere Flaschen füllen. Sofort verschließen und im Kühlschrank aufbewahren. Wenn der Saft eingefroren werden soll, dürfen die Flaschen nicht vollständig befüllt werden.

Tipp

In Japan verpackt man Geschenke gern in einem dekorativen Tuch, Furoshiki genannt. Googeln Sie einmal nach „Furoshiki" und Sie werden auf tolle Anleitungen und Videos stoßen.

Biskuitrolle

Unsere Autorin Ann Kristin Møsht Wangs bekommt jedes Jahr zum Geburtstag von ihrem Vater ein Expresspaket mit dieser Biskuitrolle. Eine wundervolle Idee! Aber ganz gleich, ob per Post oder persönlich zugestellt – dieser Kuchen ist die reinste Sommerfreude.

3 Eier
120 g Zucker
120 g Weizenmehl
½ TL Backpulver
5–6 EL Konfitüre nach Wahl

Den Backofen auf **225 °C** vorheizen. Ein Backblech mit hohem Rand mit Backpapier auskleiden und das Papier mit zerlassener Butter bestreichen. Die Konfitüre bereitstellen. Eier und Zucker schaumig schlagen. Mehl und Backpulver hineinsieben und behutsam mit einem Teigschaber unterheben. Den Teig auf das Blech geben, gleichmäßig verteilen und glatt streichen. 6–8 Minuten im vorgeheizten Ofen hell-goldgelb backen.

Ein Stück Backpapier, das etwas breiter als der Biskuit ist, auf eine Arbeitsfläche legen und mit Zucker bestreuen. Den Biskuit aus dem Ofen nehmen und auf das gezuckerte Papier stürzen. Das obere Papier abziehen und den Biskuit gleichmäßig mit der Konfitüre bestreichen, dabei an der hinteren Seite einen Rand von 3–4 cm stehen lassen. Den Biskuit von vorne aufrollen und die Rolle mit der Nahtstelle nach unten abkühlen lassen.

Notizen:

Aioli mit Olivenbrot

Aioli ist einer dieser tollen Aufstriche, die leicht herzustellen sind und glücklich machen. Er passt perfekt zu dem Olivenbrot, eigentlich zu jedem Brot, und zu Gegrilltem, klasse auch zu Meeresfrüchten. Aioli schmeckt einfach nach Sommer!

Aioli

1 Knoblauchzehe
1 Prise Salz
1 Ei
1 EL Dijon-Senf
Pfeffer
1 EL Zitronensaft
300 ml mildes natives Olivenöl extra oder
  Sonnenblumenöl

Knoblauch und Salz in einem Mörser zu einer sämigen Masse verarbeiten (oder fein hacken). Knoblauchmischung, Ei, Senf und Pfeffer mit einem Stabmixer oder im Mixer fein pürieren. Die Hälfte des Öls in einem gleichmäßigen Strahl unter ständigem Rühren eingießen, bis eine cremige Sauce entstanden ist. Den Zitronensaft hinzufügen und dann auf dieselbe Weise das verbliebene Öl unterrühren. Nach Belieben mehr Salz und Pfeffer zugeben. Falls die Aioli zu dick wird, mit etwas kaltem Wasser strecken.

Olivenbrot

Brotrezept auf Seite 93.

160 g Oliven und 100 ml Olivenöl vor dem Gehen auf dem Teig verteilen. Mit Frischhaltefolie abdecken und wie im Rezept beschrieben gehen lassen. Dann Oliven und Öl unterkneten. Den Teig halbieren und auf ein mit Backpapier ausgelegtes Backblech legen. Diese Brote müssen nicht geformt werden. Mit einem Geschirrtuch oder mit Frischhaltefolie abgedeckt weitere **20–30 Minuten** gehen lassen. Den Backofen auf **220 °C** vorheizen. Den Teig mit etwas grobem Meersalz bestreuen und dann **30 Minuten** im Ofen backen.

Notizen: _____

_____

Grissini

Diese leckeren Knusperstangen passen eigentlich zu jedem Essen und geben obendrein ein wunderbares Geschenk ab. Man kann verschiedene Sorten kreieren, indem man die Stangen vor dem Backen mit Pfeffer, Parmesan, Kräutern oder Saaten bestreut.

350–400 ml Wasser, 37 °C
25 g frische Hefe
500 g Weizenmehl
2 TL Salz
2 EL Olivenöl

Öl zum Bestreichen
grobes Salz zum Bestreuen

300 ml Wasser, Hefe, Mehl und Salz in einer Küchenmaschine gut verkneten. (Wenn Sie den Teig nicht in einer Maschine zubereiten, sollten Sie die Hefe zuvor in Wasser auflösen.) Das restliche Wasser nach und nach zugießen und abschließend das Öl hinzufügen.

Den Teig mit Frischhaltefolie abgedeckt **30 Minuten** gehen lassen. Behutsam kneten, um die Luft herauszulassen, und noch **1 Stunde** gehen lassen. Den Backofen auf **220 °C** vorheizen. Den Teig auf eine bemehlte Arbeitsfläche geben und daraus fingerdicke Streifen ausschneiden. Die Streifen auf ein mit Backpapier ausgelegtes Backblech legen, mit Öl bestreichen und mit Salz bestreuen. Nochmals **10 Minuten** gehen lassen. Dann **10–15 Minuten** im vorgeheizten Ofen goldgelb backen. Auf einem Kuchengitter abkühlen lassen.

Notizen: _____

Jims Barbecuesauce

Sommerzeit heißt Grillzeit. Eine echte Barbecuesauce
ist sehr vielseitig und schmeckt zu fast jeder Fleischsorte.
Zu Spareribs gibt's nichts Besseres.

2 rote Zwiebeln,
* fein gehackt*
etwas Öl
250 ml Rotwein
160 g brauner Zucker
1 TL schwarzer Pfeffer
1 EL Paprikapulver
* edelsüß*
½ TL Salz
1 TL gemahlener
* Kreuzkümmel*

1 TL Chilipulver
1 TL gemahlener
* Koriander*
1 TL Ingwerpulver
150 ml Apfelessig
2 EL Worcestersauce
1 l hochwertiger
* Ketchup*
Apfelsaft (nach
* Belieben)*

Die Zwiebeln in Öl glasig dünsten und mit Rotwein ablöschen. Ein paar Minuten kochen lassen, dann alle anderen Zutaten hinzufügen. Die Sauce unter häufigem Rühren **10 Minuten** einkochen lassen. Nach Geschmack mehr Zucker oder Honig hinzufügen. Ist die Sauce zu dick, mit Apfelsaft verdünnen. Abkühlen lassen und im Kühlschrank aufbewahren. Vor der Verwendung mindestens **24 Stunden** durchziehen lassen.

Notizen: _____

_____

_____

Tims.
BBQ sauce

Tsatsiki

❧

Ein griechischer Klassiker, der jeden in Urlaubsstimmung bringt! Frisch, lecker und perfekt zu Gegrilltem oder sommerlichen Speisen fast jeder Art. Mit echtem griechischem oder auch türkischem Joghurt wird das Tsatsiki noch einen Tick besser.

½ Salatgurke
200 g Naturjoghurt (oder griechischer
* Joghurt)*
2 EL Olivenöl
1 Knoblauchzehe, zerdrückt oder sehr fein
* gehackt*
Zitronensaft
Salz und Pfeffer

Die Gurke längs halbieren, die Kerne entfernen und das Fruchtfleisch in kleine Stücke schneiden. Joghurt, Öl und Knoblauch verrühren, dann die Gurken untermengen. Mit Zitronensaft, Salz und Pfeffer abschmecken.

Notizen: _____

_____

Quiche mit grünem Spargel

Die Spargelsaison ist eigentlich immer zu kurz, deshalb sollten Sie sich mindestens einmal im Jahr den Genuss von saisongerechtem Spargel gönnen. In einer Quiche kommt der feine Geschmack des Spargels in der Kombination mit knusprigem Mürbeteig und cremiger Eimasse besonders gut zum Tragen.

Mürbeteig

150 g kalte Butter, gewürfelt
225 g Weizenmehl
3 EL kaltes Wasser

Füllung

1 Bund grüner Spargel
2 Eier
200 g Sahne
Salz und Pfeffer
120 g Käse, gerieben

Die Butter mit dem Mehl verreiben, das Wasser hinzufügen und alles schnell zu einem Teig verarbeiten. Sie können auch alle Zutaten in einer Küchenmaschine vermischen, bis sich ein Teigklumpen gebildet hat. Dann sofort die Maschine stoppen. Den Teig in Frischhaltefolie einwickeln und **1 Stunde** im Kühlschrank ruhen lassen. Den Backofen auf **220 °C** vorheizen. Den Teig zu einem Kreis ausrollen, der groß genug ist, um Boden und Kanten einer Quicheform mit 28 cm Durchmesser auszukleiden. Den Teig in die Form legen, mit einer Gabel mehrfach einstechen und **10 Minuten** vorbacken.

Die Backofentemperatur auf **200 °C** reduzieren. Die Spargelstangen waschen, unten ein wenig abschneiden, holzige Exemplare unten schälen (etwa 5 cm hoch). In leicht gesalzenem Wasser **6 Minuten** kochen. Dann abgießen und mit kaltem Wasser abschrecken. Eier, Sahne, Salz und Pfeffer leicht verquirlen. Den Spargel in der Form verteilen, entweder im Ganzen oder in Stücke geschnitten. Mit der Eimasse übergießen und abschließend mit Käse bestreuen. **25–30 Minuten** backen, bis das Ei gestockt und der Käse goldgelb ist.

Notizen:

Mangobutter

Köstlich erfrischende Fruchtbutter mit exotischem Geschmack.
Verleiht sowohl Gegrilltem als auch Hühnchen das gewisse Etwas.

2 Mangos
150 g Butter
1 EL fein geriebene Ingwerwurzel
1 Prise Salz
fein abgeriebene Schale und Saft von
*   1 Limette*

Alle Zutaten in einem Mixer zu einer glatten Creme
pürieren und in verschließbare Gläser oder Stein-
gutgefäße füllen. Die Butter ist im Kühlschrank
einige Tage haltbar.

Notizen:

Süßsauer eingelegte Limetten

Sind diese eingelegten Zitrusfrüchte nicht unglaublich dekorativ? Lecker zu indischen Speisen und zu Fisch, aber auch ein originelles, wunderschönes Gastgeschenk.

12–14 Limetten
225 ml Weißweinessig oder anderer klarer
   Essig
400 g Zucker
7-cm-Stück frische Ingwerwurzel, geschält
   und in dünnen Streifen
4 Knoblauchzehen
6 TL Salz
3 frische grüne Chilis

So viele Limetten auspressen, bis eine Saftmenge von 200 ml erreicht ist. Den Saft mit Essig und Zucker in einem Topf langsam unter Rühren zum Kochen bringen. So lange köcheln, bis der Zucker aufgelöst ist und alles eindickt.

Die verbliebenen Limetten längs in sechs Spalten schneiden. Eine Lage Limettenspalten so in einem Glas platzieren, dass die Schnittseiten zu sehen sind, nicht die Schale. Mit etwas Ingwer bestreuen und nach Belieben Knoblauch und Salz hinzufügen. Ebenso weiterschichten und alles leicht

zusammendrücken. Hier und da auch die Chilis zufügen. Das Glas jedoch nur bis 2 cm unter dem Rand füllen.

Mit der Lake auffüllen. Dabei das Glas drehen, damit die Lake in alle Zwischenräume gelangt. Falls die obersten Limettenspalten an der Oberfläche schwimmen, diese mit einem Schälchen oder Ähnlichem herunterdrücken. Bis zum Rand mit Lake füllen. Den Glasrand gut trocknen und sofort den Deckel aufsetzen. Die Limetten vor dem Verzehr einige Wochen ziehen lassen.

Notizen: _____

_____

_____

Auberginencreme

Dieses milde arabische Püree schmeckt besonders gut zu Gegrilltem.

1 Aubergine
2 Knoblauchzehen
Salz
1 EL Zitronensaft
2 EL Olivenöl
1–2 EL gehackte Petersilie

Die Aubergine unzerkleinert im auf **180 °C** vorgeheizten Ofen **45 Minuten** backen. Halbieren und das Fruchtfleisch aus der Schale kratzen. In einer Küchenmaschine oder mit einem Pürierstab zusammen mit den verbliebenen Zutaten glatt pürieren. Mit Salz abschmecken und die Petersilie unterrühren.

Notizen:

Chutney

Ein köstliches Chutney passt zu fast jeder Art von gebratenem Fleisch, zu asiatischen Gerichten oder zu Gegrilltem. Sollten Sie zu den Glücklichen gehören, die einen Birnbaum ihr Eigen nennen, können Sie Ihre Ernte auch zu einem tollen Chutney verarbeiten.

Birnen-Ingwer-Chutney

12 reife Birnen
2 EL fein gehackte Ingwerwurzel
200 g Rosinen
4 Zwiebeln, fein gehackt
2 TL Salz
250 g Zucker
250 g brauner Zucker
2 TL Senfsamen
Saft und abgeriebene Schale von 2 Zitronen
2 rote Chilis, fein gehackt
1 Zimtstange
500 ml Weißweinessig

Die Birnen schälen, entkernen und in Stücke schneiden. Alle Zutaten in einem Topf unter Rühren zum Kochen bringen. **30 Minuten** bei geringer Hitze köcheln, bis das Chutney eindickt. In heiße, saubere Gläser füllen (am besten zuvor bei **100 °C** im Backofen erhitzen) und sofort verschließen. Vor der Verwendung einen Monat durchziehen lassen.

Aprikosen-Chutney

1 kg reife Aprikosen
375 g brauner Zucker
1 TL gemahlener Kardamom
1 TL frisch geriebene Ingwerwurzel
½ TL Zimt
½ TL Nelkenpulver
1 kleine rote Chili, fein gehackt
1 Zwiebel, fein gehackt
200 g Rosinen
30 g Sonnenblumenkerne
500 ml Weißweinessig

Die Aprikosen halbieren und entsteinen. Alle Zutaten in einem Topf unter Rühren zum Kochen bringen. **30 Minuten** bei geringer Hitze köcheln, bis das Chutney eindickt. In heiße, saubere Gläser füllen (am besten zuvor bei **100 °C** im Backofen erhitzen) und sofort verschließen. An einem kühlen Ort aufbewahren. Vor der Verwendung einen Monat durchziehen lassen.

Notizen:

Bunter Salat mit Körnern

Als Tourverpflegung ist ein grüner Salat nicht wirklich gut geeignet.
Er zieht Wasser, verwelkt schnell und ist kein sonderlich appetitlicher Anblick mehr.
Der perfekte Salat für unterwegs ist ein Körnersalat. Dieser hält sich besser und
ist auch sättigender. So wird es ein herrliches Picknick!

*500 g ganze Körner, z. B. Dinkel, Bulgur oder
    Gerste, gekocht*
50 g Paprika, gehackt
50 g Stangensellerie, gehackt
*50 g feste Tomaten, entkernt und klein
    gewürfelt*
50 g Salatgurke, entkernt und klein gewürfelt
2 EL gehackte rote Zwiebel
2 EL frisch gehackte Kräuter
2 EL gehackte Nüsse
*30 g Parmesan oder anderer Hartkäse,
    gewürfelt (nach Belieben)*
Salz und Pfeffer

Alle Zutaten mischen. Von der Sauce auf Seite 32
die halbe Menge anrühren, das Eigelb aber weglassen. Den Salat mit dem Dressing beträufeln, mit
Salz und Pfeffer würzen und behutsam wenden.

Notizen:

Schichtsalat

Der Schichtsalat ist eine amerikanische Spezialität, die inzwischen auch bei uns immer beliebter wird. Diese Variation besteht aus sieben Schichten. Richten Sie den Salat in einer hohen Glasschüssel oder einem Einmachglas an – darin kommen die Schichten besonders gut zur Geltung. Geeignet sind alle Gemüsesorten, Sie sollten nur darauf achten, eine Blattsalatart zu wählen, die es in feuchter Gesellschaft aushält ohne gleich zu verwelken. Romanasalat, Eissalat oder auch junger, noch grüner Weißkohl sind bestens geeignet.

Diese Zutaten haben wir verwendet:

½ Romanasalat
1 Bund Radieschen
½ Salatgurke
½ Dose Kichererbsen,
    abgespült
2 feste Tomaten

1 große Handvoll
    Erbsen aus der Dose
1 Frühlingszwiebel
1 rote Paprika
frische Kräuter zum
    Garnieren

Dressing

Verwenden Sie beispielsweise die Sauce von Seite 32 und rühren Sie noch ein paar Löffel Crème fraîche unter. So erhalten Sie eine dicke Creme. Ansonsten können Sie fast alle hellen Dressings auf Joghurt-, Sahne- oder Mayonnaisebasis verwenden. Alle Zutaten in möglichst gleich große Stücke schneiden und in eine Glasschüssel oder ein Einmachglas schichten. Leicht zusammendrücken, um so viel Luft wie möglich zu entfernen, dann das Dressing zugeben. Zum Abschluss nach Belieben mit frischen Kräutern garnieren. Bei einem Einmachglas setzen Sie einfach den Deckel auf. Der Salat kann auch über Nacht im Kühlschrank aufbewahrt werden.

Notizen: _____

_____

Herbst

Wenn der Herbst kommt, kramen wir unsere Wollpullover hervor, laden unsere liebsten Freunde ein, zünden Kerzen an und machen es uns im Warmen gemütlich. Herbst, das heißt kalter Regen, der aufs Dach trommelt, und Wind, der durch die Bäume bläst. Doch Herbst heißt auch Tage mit strahlend blauem Himmel, wunderschönen Herbstfarben und atemberaubenden Spaziergängen, auf denen man richtig Beute machen kann. Denn jetzt ist die Zeit für Pilze und Nüsse. Und aus dem geernteten Getreide werden die leckersten Geschenke gemacht!

Außerdem stehen Erntedank, Sankt Martin und Halloween-Feiern ins Haus. So laden wir unsere Freunde ein und blicken dem Winter gemeinsam entgegen.

Teemischungen

〜✲〜

Wenn der Regen an die Fensterscheibe prasselt und der Herbst sich von seiner unwirtlichsten Seite zeigt, gibt es nichts Schöneres, als sich mit einem Buch und einer Tasse Tee in eine Decke zu kuscheln. Mischen Sie sich den Tee einfach selbst.

Indischer Gewürztee

2 EL starker schwarzer Tee
6 grüne Kardamomkapseln
1 Zimtstange
12 Gewürznelken
4 Stücke getrockneter Ingwer
1 Scheibe getrocknete Orange (nach Geschmack)

Die Gewürze in einem Mörser grob zerstoßen und mit dem Tee in einen Beutel füllen.
Zubereitung: Die Mischung mit 600 ml Wasser aufkochen. 5 Minuten ziehen lassen. Dann 600 ml Milch zugießen und nochmals aufkochen. Mit Zucker oder Honig servieren.

Grüner Tee mit Trockenfrüchten

10 Scheiben getrocknete Birne
10 Scheiben getrocknete Äpfel
1 Trockenfeige
150 g grüner Tee

Das Trockenobst klein würfeln. Mit dem Tee mischen und in eine Teedose oder einen Beutel füllen.

Blütentee

eine kleine Handvoll getrocknete essbare Blüten (aus dem Bioladen/Reformhaus oder selbst getrocknet)
150 g weißer Tee

Mischen und in einer dicht schließenden Dose aufbewahren.

Notizen: _____

_____

_____

Landbrot

⟶ ❧ ⟵

Ein selbst gebackenes Brot kommt als Geschenk immer gut an. Ein echter Hingucker wird es allerdings, wenn das Brot mit einem hübschen Muster verziert wird. Man kann beispielsweise flache Deko-Elemente aus Teig ausschneiden und vorsichtig mit etwas Wasser auf der feuchten Teigoberseite befestigen. Die einfachste Deko-Methode ist jedoch folgende: Vor dem Gehen das Brot mit einer dünnen Schicht Mehl bestäuben und nach dem Gehen den Teig mit einem scharfen Messer einritzen.

Grundrezept für Brotteig, ergibt 2 Brote

250 g Roggenmehl
750 g Weizenmehl
1 TL Salz
700 ml lauwarmes Wasser
25 g frische Hefe
1 EL Honig
3 EL Öl

Für dieses Rezept ist eine Küchenmaschine sehr nützlich. Alle trockenen Zutaten in eine Schüssel geben. Die Hefe in 100 ml Wasser auflösen und mit dem Honig mischen. Diese Mischung mit dem Großteil des Wassers zur Mehlmischung geben, 100 ml Wasser jedoch zurückbehalten. Bei Verwendung einer Küchenmaschine können Sie die Flüssigkeit bei laufender Maschine zugießen. Mindestens **5 Minuten** gut durchkneten. Dann nach und nach so viel von dem verbliebenen Wasser untermengen, dass ein fester, glatter Teig entsteht. Abschließend das Öl unterkneten. Mit Frischhaltefolie abdecken und mindestens **1 Stunde** gehen lassen.

Den Teig halbieren (oder für kleine Brote in mehrere Stücke teilen). Mit leicht eingeölten Händen Laibe nach Wunsch formen. Die Brote in Backformen oder auf ein mit Backpapier ausgelegtes Backblech setzen. Mit einem Geschirrtuch oder mit Frischhaltefolie abgedeckt nochmals **20–30 Minuten** gehen lassen. Die Brote in einem auf **220 °C** vorgeheizten Ofen je nach Größe 30–45 Minuten backen. Die Brotoberseite sollte schön goldgelb gebacken sein.

Notizen: _____

_____

Müslimischungen

Obwohl es so einfach ist, denkt man irgendwie nie daran, es selbst zu machen: ein richtig gutes Müsli. Dabei ist es das ultimative Geschenk für vielbeschäftigte Menschen. Mischen Sie nach Lust und Laune verschiedene Flocken, Kerne und Früchte!

Müsli

120 g Haferflocken
100 g Cornflakes
70 g Sonnenblumen- oder Kürbiskerne
70 g gehackte Walnusskerne
60 g Trockenfrüchte, z. B. Rosinen und
  gehackte Aprikosen

Alles mischen und in einem dicht verschließbaren Behälter aufbewahren.

Knuspermüsli

100 g Nusskerne nach Wahl
240 g Getreideflocken, z. B. 120 g
  Haferflocken und 120 g Roggenflocken
70 g Kerne, z. B. Sonnenblumen- und
  Kürbiskerne
40 g Leinsamen oder Sesamsaat
3–4 EL flüssiger Honig
200 ml Wasser
5 EL neutrales Öl
180 g Trockenfrüchte, in Stücken,
  z. B. Aprikosen und Rosinen

Den Backofen auf **175 °C** vorheizen. Die Nüsse hacken und mit Flocken, Kernen und Saaten in eine große Schüssel geben. Honig, Wasser und Öl hinzufügen und alles gut vermengen. Ein Backblech mit Backpapier auslegen und die Masse darauf verteilen. **20–30 Minuten** im Ofen backen, währenddessen ein paarmal wenden. Gegen Ende der Backzeit achtgeben, dass das Knuspermüsli nicht zu dunkel wird. Ein wenig abkühlen lassen und schließlich die Trockenfrüchte untermengen. In einem dicht verschließbaren Behälter aufbewahren.

Deko-Tipp

Seidenblumen: Hierzu aus verschieden-farbigem Seidenpapier Blüten ausschneiden und in der Mitte mit einem Faden zusammenbinden. Den Faden auch als Zierband verwenden.

Notizen: _____

Korntaler

Diese köstlichen Kekse sind wegen der vielen Nüsse und Körner tolle Energiespender. Gerade im Herbst, wenn man sich oft müde und träge fühlt, tun sie wahre Wunder. Verteilen Sie sie an alle Freunde, die eine Extraportion Kraft nötig haben.

Ergibt 20 Stück

200 g Haferflocken
100 ml heißes Wasser
200 g Sesamsaat
100 g Kokosraspel
200 g gemischte Körner und Nüsse,
   z. B. Sonnenblumenkerne, Kürbiskerne,
   Walnusskerne und Haselnusskerne
2 TL Zimt
100 ml heller Sirup
2 Eier
3–4 EL Rapsöl

Den Backofen auf **200 °C** vorheizen. Alle Zutaten mischen. Den Teig löffelweise auf einem mit Backpapier ausgelegten Backblech verteilen und flach drücken. Im vorgeheizten Ofen **10 Minuten** backen, bis sie goldgelb und an den Rändern hellbraun sind.

Notizen: _____

_____

_____

Zitronenkuchen mit Sesam

CԝԝϽ

Hier ein ganz fantastischer, saftig-frischer Kuchen, der den Geschmack von Sommer und Sonne in sich trägt. Genau das Richtige, wenn die Tage kürzer werden.

3 Eier
180 g Zucker
100 g Naturjoghurt
1 EL Honig
abgeriebene Schale von 3 Zitronen
50 ml Sonnenblumenöl
150 g Weizenmehl
1 TL Backpulver
3 EL Sesamsaat
1 EL brauner Zucker oder Rohrohrzucker

Den Backofen auf **200 °C** vorheizen. Eier und Zucker schaumig schlagen. Joghurt, Honig, Zitronenschale und Sonnenblumenöl unterrühren. Dann behutsam das Weizenmehl und schließlich das Backpulver unterheben. Eine Kastenform (2 l Inhalt) oder Springform (20–22 cm Ø) mit Butter einfetten und rundum mit Sesam ausstreuen. Dabei 1 Esslöffel Sesam für die Kuchenoberseite beiseitelegen. Den Teig in die Form geben und mit Zucker und Sesam bestreuen. Eventuell mit ein paar Zitronenscheiben dekorieren. Im Ofen **30 Minuten** backen. Auf einem Kuchengitter abkühlen lassen.

Notizen: _____

_____

_____

Honigkuchen

Ein wunderbar altmodischer Kuchen – weich, saftig und aromatisch. Im handgeschriebenen Rezept aus dem Backbuch von der Großmutter unseres Autors Guro Usteruds steht: „Im Herbst backen, wenn die Eier noch billig sind". Backen Sie den Kuchen schon einige Zeit vor Weihnachten, damit er richtig durchziehen kann. Besonders gut schmeckt er mit etwas Butter bestrichen.

Für 2 Kastenformen à 1,5 l Inhalt (oder 4 Dosen wie auf dem Bild)

5 Eier
300 g Zucker
300 g Honig
¼ TL Backpulver
¼ TL Nelkenpulver
¼ TL gemahlener Pfeffer
¼ TL Ingwerpulver
360 g Weizenmehl

Die Backformen mit Butter einfetten. Gegebenenfalls ein Stück Backpapier passend ausschneiden und den Boden der Formen damit auslegen. Den Backofen auf **150 °C** vorheizen. Eier und Zucker sehr lange, möglichst **20–30 Minuten** schaumig schlagen. Dann den Honig behutsam unterziehen. Alle trockenen Zutaten mischen und unter den Teig heben. Die Formen zu zwei Dritteln mit Teig füllen, da der Honigkuchen stark aufgeht. **1–1¼ Stunden** auf der untersten Schiene im vorgeheizten Ofen backen. Falls in Konservendosen wie auf dem Bild gebacken wird, muss der Teig länger, etwas mehr als **1½ Stunden**, backen. Falls der Kuchen zu dunkel wird, mit Alufolie abdecken. In den Formen abkühlen lassen, so bleibt er saftig.

In Backpapier oder Frischhaltefolie verpackt hält sich der Kuchen kühl gelagert mehrere Wochen.

Mandelplätzchen

Diese feinen Plätzchen sind zwar Kalorienbomben, aber auf jeden Fall eine Sünde wert! Man kann sie schon ein oder zwei Tage im Voraus zubereiten. Da sie wirklich mächtig sind, sollte man nur ein Plätzchen pro Person berechnen.

Mandelboden

200 g gemahlene Mandeln
200 g Zucker
2 Eiweiß

Füllung

200 g Butter
200 g Puderzucker
3 Eigelb
1 EL Vanillezucker
½ Tafel Vollmilchschokolade, geschmolzen

Glasur

100 g Kokosfett
100 g Zartbitterschokolade mit
  70 % Kakaoanteil

Den Backofen auf **150 °C** vorheizen. Mandeln, Zucker und Eiweiß verquirlen und die Masse löffelweise auf ein mit Backpapier ausgelegtes Backblech setzen. Leicht flach drücken, denn es sollen flache Makronen entstehen. **20 Minuten** im vorgeheizten Ofen backen und auf einem Kuchengitter auskühlen lassen.

Butter und Puderzucker hell und luftig aufschlagen. Das Eigelb hinzufügen und gut unterrühren, dann Vanillezucker und Schokolade untermengen. Die Creme auf die abgekühlten Makronen auftragen und im Kühlschrank fest werden lassen. So lässt sich die Glasur später besser auftragen.

Schokolade und Kokosfett bei geringer Hitze auf dem Herd oder über einem Wasserbad schmelzen. Die Plätzchen mit der festen Creme in die Glasur tauchen oder die Glasur mit einem Löffel vorsichtig auftragen. Im Kühlschrank halten sich die Plätzchen einige Tage.

Notizen: _____

_____

_____

Risottomischung

Mischen Sie Risottoreis mit getrockneten Pilzen und verschenken
Sie sie zusammen mit einem Risottorezept.

Risottomischung

250 g Risottoreis (z. B. Arborio)
25 g getrocknete Pilze

Reis und Pilze mischen und in einen Beutel oder
eine Dose füllen.

Risotto

1 kleine Zwiebel, gehackt
1 Knoblauchzehe, gehackt
50 g Butter, gewürfelt
Risottomischung von oben
200 ml Weißwein
1 l Hühnerbrühe
3 EL Butter zum Braten
1 kleine Handvoll frisch geriebener Parmesan

Zwiebel und Knoblauch bei geringer Hitze in Butter
glasig dünsten. Die Risottomischung ein wenig mit-
dünsten, dann mit Wein ablöschen. Den Wein unter
Rühren verdampfen lassen, dann so viel Brühe
angießen, bis der Reis bedeckt ist. Wieder verdampfen lassen und erneut mit Brühe bedecken.
Der Risotto darf allerdings nur leicht köcheln. So
lange Brühe angießen und rühren, bis der Reis fast
gar ist, aber immer noch etwas Biss hat. Dann die
Butter unterrühren. Abschließend den geriebenen
Parmesan untermengen und sofort servieren.

Schokoladenaufstrich und Erdnussbutter

Nicht nur Kinder, auch Erwachsene können von Schokocreme nicht genug bekommen. Fertigware steckt allerdings voller Zusatzstoffe und ungesundem Fett. Die Lösung ist eine selbst gemachte Creme, die beim Sonntagsfrühstück garantiert ein Erfolg wird!

Schokoladenaufstrich

200 g Schokolade, ganz nach Geschmack
  Vollmilch oder Zartbitter
200 g Sahne
75 g weiche Butter, gewürfelt

Die Schokolade grob hacken und in eine Schüssel füllen. Die Sahne bis zum Siedepunkt erhitzen und über die Schokolade gießen. Umrühren, bis die Schokolade geschmolzen ist. Dann nach und nach die Butter unterrühren, bis eine glatte Masse entstanden ist. In ein Glas füllen und im Kühlschrank aufbewahren. Dort hält sie sich ein paar Wochen.

Erdnussbutter

180 g ungesalzene Erdnüsse
1 EL neutrales Öl
1 Prise Salz
1 TL brauner Zucker
Wasser oder Apfelsaft (nach Bedarf)

Am besten schmeckt Erdnussbutter, wenn Sie die Erdnüsse selbst schälen und die papierartige dünne Haut entfernen. Lecker wird es aber auch mit gekauften ungesalzenen Erdnüssen.

Erdnüsse, Öl, Salz und Zucker in einem Mixer oder einer Küchenmaschine je nach Geschmack fein oder grob pürieren. Wird die Butter zu hart, mit etwas Wasser oder Apfelsaft verdünnen. Die Erdnussbutter in ein Glas oder ein Steinguttöpfchen mit Deckel füllen. Im Kühlschrank hält sie sich ein paar Wochen.

Notizen: _____

_____

Schwarzer Johannisbeersaft

C•••Ɔ

Haben Sie einen Schwarzen Johannisbeerstrauch im Garten und wissen nicht, wohin mit all den Früchten? Dann ist unser toller Saft die perfekte Lösung für Sie. Wenn Sie die Flasche noch ein bisschen dekorieren, wird der Saft überdies ein wunderschönes Geschenk.

1 kg Schwarze Johannisbeeren
½ l Wasser
350 g Zucker pro Liter Saft

Die Beeren im Wasser **10 Minuten** kochen, bis sie zerfallen. **1–2 Stunden** durch ein Tuch abtropfen lassen, dann abmessen und den Zucker hinzufügen. Kochen, bis der Zucker aufgelöst ist. Den Saft heiß in saubere Flaschen füllen oder in sauberen Milch-Tetrapacks einfrieren.

C•••Ɔ

Flaschen-Deko

Eine Flasche kann man auf unzählige Weise als Geschenk verpacken, sei es eine Flasche Wein oder selbst gemachter Saft.

Dafür kann man jede Art von Stoff und Papier oder auch Schleifenband oder Schnur verwenden. Wenn Sie Saft verschenken möchten, können Sie eine ganz gewöhnliche Flasche mit einem Wollfaden oder einer Schnur verzieren, die eng um die Flasche gewickelt wird. Immer nach und nach einen Bereich der Flasche mit Klebstoff bestrei-

chen, und eine Schnurreihe nach der anderen festkleben und festziehen.

Man kann Flaschen auch in Stoff einwickeln, was nicht nur schön aussieht, sondern die Flasche zudem beim Transport schützt. Diese Technik stammt aus Japan und nennt sich Furoshiki. Googeln Sie den Begriff einmal und Sie werden auf tolle Anleitungen und Videos stoßen. Man kann entweder ein Stück Meterware, eine Tischdecke oder einen Schal verwenden, die wiederum Teil des Geschenks sind.

Notizen:

Cocktails für den Jungsabend

❧

Logisch, meist trinken die Männer Bier und Aquavit. Doch wenn man schon in guter Gesellschaft beisammen ist, warum dann nicht zur Abwechslung auch mal einen echten Drink genießen? Alles im Vorfeld mischen und dann mit zur Party nehmen.

Bloody Mary

Pro Glas:

6 cl Tomatensaft
3 cl Wodka
Saft von ¼ Zitrone
1 TL Worchestersauce
1 Prise Salz
1 Prise Pfeffer
4 Tropfen Tabasco

Alles mischen und mit Eiswürfeln und einer Selleriestange servieren.

Rob Roy

Pro Glas:

3 cl schottischer Whisky
1,5 cl trockener weißer Wermut
1,5 cl roter Wermut
1 Spritzer Angosturabitter oder Orangenbitter

Alles mischen und mit Eiswürfeln servieren.

Notizen: _____

_____

_____

Croûtons

Man kann zwar auch fertige Croûtons kaufen,
doch selbst gemachte schmecken viel besser
und sehen auch viel schöner aus. Oder?

Brotscheiben (gerne altbacken)
Butter
fein gehackter Knoblauch
fein gehackte Kräuter

Den Backofen auf **100 °C** vorheizen. Die Brotscheiben in Würfel schneiden oder aber Herzen,
Blumen oder Ähnliches ausstechen. Die Brotstücke
in einer Pfanne zusammen mit dem Knoblauch bei
mittlerer Hitze in Butter schön goldgelb braten.
Zum Schluss die Kräuter zugeben. Die Croûtons
auf einem Backblech verteilen und im vorgeheizten
Ofen **20–30 Minuten** ganz durchtrocknen lassen.

Notizen: _____

_____

_____

Haferkekse

❦

Eine Käseplatte ist schnell zusammengestellt und kommt immer gut an. Richtig festlich wird es mit ein wenig knusprigem Zubehör. Stellen Sie Käsesorten aus verschiedenen Ländern zusammen oder bieten Sie einmal nur Schweizer oder nur französischen Käse an. Sie werden überrascht sein, was lokale Käseproduzenten so alles zu bieten haben!

Zum Käse braucht man etwas zum Knabbern. Diese Haferkekse sind dafür einfach ideal. Sie sind schnell zubereitet und schmecken zu fast jeder Käsesorte.

160 g Butter
50 g Zucker
250 ml Milch
250 g Haferflocken
2 TL Backpulver
200 g Weizenmehl

Die Butter schmelzen und mit Zucker und Milch mischen. Die Haferflocken unterrühren und alles einen Tag lang ruhen lassen. Das Backpulver unterrühren und so viel Mehl unterkneten, dass ein fester Teig entsteht. Den Backofen auf **185 °C** vorheizen. Den Teig ausrollen und Kekse ausschneiden oder ausstechen. Alternativ den Teig zu kleinen Kugeln formen und flach drücken. So werden sie etwas rustikaler. **12–15 Minuten** im Ofen backen und auf einem Kuchengitter abkühlen lassen. In einem dicht verschließbaren Behälter aufbewahren.

Notizen: _____

_____

Feigensalat

Dieser gleichzeitig frische und süße Salat schmeckt herrlich zu Blauschimmelkäse. Er muss allerdings am selben Tag verzehrt werden, da die Feigen sich schnell dunkel verfärben. Das ist jedoch kein Problem, denn der Salat ist so lecker, dass bis auf den letzten Bissen alles im Handumdrehen weggefuttert sein wird.

2 Feigen
2 Pflaumen
1 EL Zitronensaft
3 EL mildes natives Olivenöl extra
2 EL milder Honig, z. B. Akazienhonig
frischer Rosmarin

Feigen und Pflaumen in Spalten schneiden. Zitronensaft, Öl und Honig verquirlen und über die Früchte gießen. Mindestens **15 Minuten** ziehen lassen. Etwas Rosmarin hacken und über den Salat streuen. Fertig!

Notizen: _____

_____

_____

Butter

⊂⋙⊃

Bei vielen Speisen ist Butter einfach ein Muss. Gewürzte Butter verleiht dabei noch einen besonderen Pfiff. Ganz gleich, ob bei einem Grillfest, auf einer kalten Platte oder auf der Käseplatte – verwenden Sie Gewürze und Kräuter, die Sie gerade zur Hand haben.

Würzbutter

200 g weiche Butter
1 Knoblauchzehe
1 EL fein gehackte Frühlingszwiebel
½–1 TL Cayennepfeffer

Alles mischen, aber nicht zu lange rühren. In ein Steinguttöpfchen, ein Glas oder eine Schale füllen. Im Kühlschrank aufbewahren, vor dem Servieren jedoch eine Weile weich werden lassen.

Variation: Bärlauchbutter
Fein gehackten Bärlauch mit Butter mischen – einfach großartig!

Kräuter-Knoblauch-Butter

30 g Petersilie, fein gehackt
1 kleine Handvoll fein gehackte frische
  Kräuter nach Wahl
200 g Butter, gewürfelt
Salz und Pfeffer
2 TL Balsamicoessig
1–2 Knoblauchzehen, fein gehackt
1 TL Paprikapulver edelsüß

Alle Zutaten in einer Küchenmaschine nur so lange verrühren, bis alles vermengt ist.

Notizen: _____

_____

_____

Kräutermischung für Lammtopf

Hier ein wundervolles, aromatisches Geschenk! Wenn es preiswert sein soll, verschenken Sie einfach nur die Gewürze. Soll es aber die große Geste sein, überreichen Sie die Gewürze zusammen mit einer Lammkeule und bieten Sie Ihre Hilfe in der Küche an.

2½ kg Lammkeule
2 EL Lammgewürze (siehe unten)
Salz und Pfeffer

2 Zwiebeln
6 Knoblauchzehen
6 Selleriestangen
6 Karotten
200 g Petersilienwurzel
3 rote Paprika
Butter zum Braten
400 ml trockener Weißwein
600 ml Fleisch- oder Lammbrühe
1 kleine Dose geschälte Tomaten

Das Fleisch entbeinen und in große Stücke schneiden. Gut mit Gewürzen, Salz und Pfeffer einreiben. 1 Stunde bei Zimmertemperatur durchziehen lassen. Das Gemüse säubern und in Stücke schneiden. Den Backofen auf **200 °C** vorheizen. Butter in einer Pfanne erhitzen und das Fleisch darin in mehreren Portionen anbräunen. Nach der letzten Fleischportion den Weißwein zugießen und ein paar Minuten köcheln lassen. Das Fleisch mit dem Gemüse in eine Auflaufform füllen und mit dem Wein aus der Pfanne übergießen. Brühe und Tomaten unterrühren und mit einem Deckel oder mit Alufolie abdecken. **2 Stunden** im vorgeheizten Ofen schmoren, die letzte halbe Stunde den Deckel abnehmen.

Lammgewürze

1 EL getrockneter Rosmarin
1 EL getrockneter Thymian
1 EL getrocknete Petersilie
1 EL getrockneter Koriander

Alles mischen und in einem dicht verschließbaren Behälter aufbewahren.

Notizen: _____

_____

Weihnachten

Die Weihnachtszeit ist für uns alle die festlichste Zeit des Jahres. Vor lauter Weihnachtsfeiern, Weihnachtsshopping, Weihnachtsbäckerei, Weihnachtsdeko und allem, was zur Adventszeit gehört, wissen wir manchmal kaum noch, wo uns der Kopf steht. Zwischendurch stöhnen wir, doch wir lieben das Ganze auch sehr. In all der Dunkelheit und dem Stress freut man sich dann besonders über Geschenke.

Die Adventszeit stimmt selbst die eisernsten Menschen milde. Überraschen Sie einen Freund, Nachbarn oder jemand anderen, der „bedürftig" erscheint, mit einem kleinen Geschenk, und schon kommt Weihnachtsstimmung auf. Machen Sie beispielsweise eins der 1-2-3-Geschenke auf der Seite 124 und geben Sie sich ein wenig Extramühe mit der Verpackung. Schenken kann so einfach sein!

1-2-3-Geschenke

Schokolade am Stiel

Ein tolles kleines Geschenk für den, der sich im Weihnachtsstress mit einer Tasse heißer Schokolade entspannen möchte. Hier wird eine passend große Portion Schokolade am Stiel in einer Tasse mit heißer Milch aufgelöst.

Die Schokolade über einem Wasserbad schmelzen. Die geschmolzene Schokolade in eine Pralinenform, kleine Eierbecher oder Ähnliches gießen. Die Schokolade leicht fest werden lassen, dann einen Holzstiel einstechen und die Schokolade ganz aushärten lassen.

Mit Anis, Chiliflocken oder etwas getrockneter Orange dekorieren.

Trinkkakao

Hier das obige Geschenk in der Pulvervariante. Tausendmal besser als fertiges Kakaopulver!

75 g ungesüßtes Kakaopulver
80 g Puderzucker
2 TL Vanillezucker

Alles mischen und in einen Beutel oder eine Dose füllen. Pro Becher 1 Esslöffel berechnen. Das Pulver mit kochender Milch übergießen, umrühren und genießen.

Vanillezucker

Vanillezucker mit echter Vanille ist mit dem Vanillezucker aus dem Supermarkt, der meist mit Vallinin, einem künstlichen Aromastoff, aromatisiert ist, nicht zu vergleichen. Er ist im Nu zubereitet und wird wirklich jeden erfreuen!

1 Vanillestange
200 g Zucker

Eine Vanillestange mit einem Messer oder einer Schere in Stücke schneiden. Zusammen mit dem Zucker in einem Mixer ganz fein zermahlen und das Pulver sieben. Den fertigen Vanillezucker in einem dicht verschließbaren Behälter oder Glas aufbewahren.

Nüsse in Honig

~

Ein geniales Geschenk – schnell zu machen, dekorativ und unglaublich lecker!

Nüsse
flüssiger Honig, z. B. Akazienhonig

Nüsse (eine oder mehrere Sorten) in ein Glas geben. Mit Honig übergießen und den Deckel schließen. Fertig!
Wer Lust hat, kann etwas variieren und mit ganzen Gewürzen wie Sternanis, Zimtstange oder getrockneten Orangenscheiben dekorieren.

Notizen: _____

_____

_____

Bratapfel mit Zimtstange

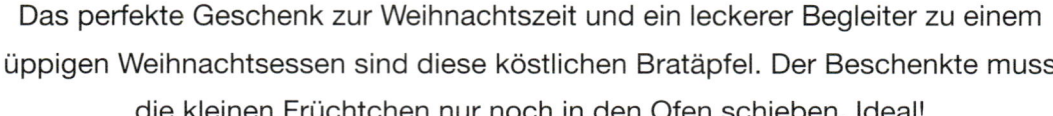

Das perfekte Geschenk zur Weihnachtszeit und ein leckerer Begleiter zu einem üppigen Weihnachtsessen sind diese köstlichen Bratäpfel. Der Beschenkte muss die kleinen Früchtchen nur noch in den Ofen schieben. Ideal!

Äpfel
Zimtstangen
Honig

Die Äpfel mit einem Ausstecher entkernen. Etwas Honig hineinträufeln und je eine Zimtstange hineinstecken. Den Backofen auf **180 °C** vorheizen oder die Äpfel zusammen mit dem Weihnachtsbraten **20 Minuten** backen. (Bei höherer Temperatur verkürzt und bei geringerer Temperatur verlängert sich die Backzeit.)

Notizen: _____

_____

_____

Pralinen

Kein Weihnachten ohne Süßigkeiten – am besten natürlich selbst gemacht. Auch wenn Sie bei der Verpackung vielleicht nicht ganz so viel Aufwand betrieben haben, diese Pralinen werden Begeisterungsstürme auslösen.

Marzipan-Nougat-Schnitten

Verführerische Pralinen zum Niederknien!

50 g Mandeln
600 g Marzipanrohmasse
400 g Nougat
50 g ungesalzene Pistazienkerne, gehackt

Die Mandeln hacken und unter das Marzipan mengen. Die Marzipanmasse in fünf gleich große Stücke teilen. Eine Arbeitsfläche mit etwas Puderzucker bestäuben und die Stücke dünn ausrollen.

Den Nougat über einem Wasserbad schmelzen. Einen Marzipanstreifen in eine Form legen und mit etwas Nougat bestreichen. Einen zweiten Marzipanstreifen darüberlegen und nochmals mit Nougat bestreichen. So weiterverfahren und mit einer Nougatschicht enden. Mit Pistazien bestreuen und die Pralinen im Kühlschrank fest werden lassen. Dann in kleine Rechtecke schneiden.

Walnusssterne

Wunderhübsch und unheimlich gut – ein Hauch von Luxus.

300 g Marzipanrohmasse
120 g Zucker
1 kleines Eiweiß
4 EL Likör nach Wahl
200 g Zartbitterschokolade
Walnusskerne, in Stücken

Marzipanrohmasse, Zucker und Eiweiß verkneten. Den Likör zugeben und alles gut vermengen. 2 cm dick ausrollen und mit einem Ausstecher Sterne ausstechen. Die Schokolade über einem heißen Wasserbad schmelzen und die Sterne hineintauchen. Jeden Stern mit einem Viertel Walnusskern dekorieren.

Notizen: _____

_____

_____

Schokoladentrüffeln

Extravaganz, die auf der Zunge zergeht.

150 g Zartbitterschokolade
25 g Butter
150 g Sahne
2 EL ungesüßtes Kakaopulver
1 EL Puderzucker

Die Schokolade in Stücke brechen, in eine Schüssel geben und über einem Wasserbad schmelzen. Butter und Sahne aufkochen und in einem feinen Strahl unter Rühren in die Schokolade gießen. Anschließend gut aufschlagen. Die Trüffelmasse im Kühlschrank abkühlen lassen, bis sie fest genug ist, um sie zu Kugeln zu formen. Die Masse dabei in regelmäßigen Abständen umrühren und achtgeben, dass sie nicht zu fest wird. Das geht manchmal sehr schnell. Kakao und Puderzucker mischen. Die Masse zu Kugeln in Größe nach Wahl formen und in der Pulvermischung wenden. Dann im Kühlschrank aufbewahren.
Für Mutige: Kakao und Puderzucker mit ½ Teelöffel Chilipulver vermengen. Das gibt den Trüffeln ein wenig Feuer.

Mandel-Marzipan-Kugeln

Diese Pralinen schauen komplizierter aus, als sie sind. Sie sind schnell zubereitet, wirken aber sehr professionell. Für eine kinderfreundlichere Variante den Cognac weglassen.

100 g Mandelblättchen
2 EL Cognac
300 g Marzipanrohmasse
150 g Zartbitterschokolade
Kokosraspel oder gehackte Nüsse
Pralinenkapseln

Mandelblättchen und Cognac unter das Marzipan kneten und zu kleinen Kugeln formen. Die Schokolade über einem Wasserbad schmelzen. Die Kugeln in die Schokolade tunken und ganz umhüllen. Die Kugeln dann in Kokosraspeln oder gehackten Nüssen wenden und in Pralinenkapseln füllen.

Notizen: _____

_____

_____

Schokolade mit Nüssen oder Früchten

Hier die vielleicht einfachste Art, Schokolade zu veredeln – unglaublich schön und ganz gesund!

150 g ungesalzene Nüsse oder
  100 g getrocknete Früchte
200 g Zartbitterschokolade

Ganze oder gehackte Nüsse auf Backpapier verteilen. Die Schokolade über einem Wasserbad schmelzen und über die Nüsse gießen. Die Schokolade fest werden lassen und in Stücke brechen. Bei Trockenfrüchten: Hier zunächst die geschmolzene Schokolade ausgießen und die Früchte auflegen. Leicht eindrücken, sie sollten allerdings nicht von Schokolade bedeckt sein.

Karamellbonbons

In Zellophan eingewickelte Karamellbonbons sind bei uns ein echter Weihnachtsklassiker.

50 g Butter
200 g Farinzucker oder brauner Zucker
250 g Sahne
350 g heller Sirup
1 TL Vanillezucker

Alle Zutaten in einem Topf bei mittlerer Hitze unter ständigem Rühren aufkochen, bis der Zucker aufgelöst ist. Bei geringer Hitze weiterköcheln, bis die Masse andickt und hellbraun geworden ist. Eventuell eine Härteprobe machen und ein wenig Karamellmasse in einen Becher mit kaltem Wasser geben. Wenn sie fest wird und sich zu einer Kugel formen lässt, ist der Karamell fertig. Die Masse auf ein Stück Backpapier gießen und fest werden lassen. Dann in Stücke nach Wunsch schneiden. Bewahren Sie die Karamellbonbons am besten im Kühlschrank auf, bei Zimmertemperatur werden sie rasch weich.

Notizen: _____

_____

_____

Biscotti

⌒

Die Advents- und Weihnachtszeit kann einem manchmal wie ein unendlicher Kaffeeklatsch mit Freunden und Familie erscheinen. Das beste Mitbringsel sind da knusprig-mürbe Biscotti, die sich so schön in den Kaffee tunken lassen. Entdecken Sie den Italiener in sich!

Orangen-Biscotti

Ergibt 40–50 Stück

150 g Mandeln
100 g weiche Butter
200 g Honig
abgeriebene Schale und Saft von
   1 unbehandelten Orange
1 Ei, leicht verquirlt
180 g Hafermehl, 375 g Weizenmehl
2 TL Backpulver
2 EL Rohrohrzucker oder brauner Zucker

Den Backofen auf **180 °C** vorheizen. Die Mandeln in einer Pfanne rösten. Die Hälfte der Mandeln grob hacken. Butter, Honig, Orangenschale, Orangensaft, Ei (ein wenig aufsparen) und die ganzen Mandeln verrühren. Dann Mehl und Backpulver untermengen. Den Teig zu Rollen formen, auf ein mit Backpapier ausgelegtes Backblech geben und flach drücken. Mit Ei bestreichen und mit den gehackten Mandeln und dem Zucker bestreuen. **15 Minuten** im Ofen backen. Herausnehmen und die Ofentemperatur auf **50 °C** reduzieren. Die Teigstränge schräg in 2 cm dicke Scheiben schneiden. Die Scheiben mit der Schnittfläche nach oben auf das Backblech legen und **2–3 Stunden** weiterbacken, bis sie ganz trocken sind. Nach Belieben in geschmolzene Schokolade tauchen.

Mandel-Biscotti

Ergibt 50–60 Stück

250 g Mandeln
150 g weiche Butter
240 g Zucker
2 Eier
2 TL Backpulver
1 EL Vanillezucker
450 g Weizenmehl

Den Backofen auf **200 °C** vorheizen. Die Mandeln **10 Minuten** im Ofen rösten. Die Hälfte der Mandeln grob hacken. Butter und Zucker hell und luftig aufschlagen. Eier, Backpulver, Vanillezucker und Weizenmehl unterrühren. Etwas mehr Mehl einarbeiten, falls der Teig noch klebrig ist. Abschließend gehackte und ganze Mandeln untermengen. Den Teig zu sechs Rollen formen und auf ein mit Backpapier ausgelegtes Backblech geben. Leicht mit den Händen flach drücken. Auf der mittleren Schiene **12–15 Minuten** backen. Dann die Ofentemperatur auf **100 °C** reduzieren, die Teigstränge herausnehmen und 15 Minuten abkühlen lassen. Mit einem scharfen Messer in 2 cm dicke Scheiben schneiden. Die Scheiben mit der Schnittfläche nach oben **20 Minuten** backen, bis sie ganz trocken sind. Abkühlen lassen und in einem dicht verschließbaren Behälter aufbewahren.

Pfefferkuchen

Dieses Gebäck passt wunderbar in die Weihnachtszeit.

100 g Zuckerrübensirup
150 g Zucker
150 g Butter
100 g Sahne
½ TL Nelkenpulver

½ TL Ingwerpulver
½ TL gemahlener Pfeffer
1 TL Zimt
2 TL Backpulver
400 g Weizenmehl

Sirup, Zucker und Butter in einem Topf schmelzen. Rühren, bis der Zucker aufgelöst ist. Leicht abkühlen lassen, dann die Sahne unterrühren. Die trockenen Zutaten mischen und untermengen. Den Teig gut durchkneten und einen Tag lang in den Kühlschrank stellen. Eine Stunde vor der Weiterverarbeitung aus dem Kühlschrank nehmen, dann 3–4 mm dick ausrollen und Kekse ausstechen. Den Backofen auf **180 °C** vorheizen. Die Kekse auf ein mit Backpapier ausgelegtes Backblech setzen und **8–10 Minuten** im vorgeheizten Ofen backen, bis sie schön goldgelb, aber nicht zu dunkel geworden sind. Auf einem Kuchengitter abkühlen lassen und dekorieren!

Variation: In einige Kekse mittig ein Loch mit 2–3 cm Durchmesser schneiden und je ein Bonbon hineinlegen, zum Beispiel Himbeerbonbons. Diese schmelzen beim Backen und werden beim Abkühlen wieder fest.

Notizen: _____

_____

Weihnachtsplätzchen

Über selbst gebackene Plätzchen, die hübsch verpackt verschenkt werden, freut sich einfach jeder. Man kann sogar echte kleine Kekskunstwerke entwerfen. Das Beste ist: Sie halten sich lange!

Grundrezept für Plätzchenteig

Dieser Teig eignet sich super für alle Arten von Weihnachtsplätzchen und kann ganz nach Vorlieben dekoriert werden. In einem dicht verschließbaren Behälter aufbewahren.

100 g Butter
200 g Zucker
1 großes Ei
375 g Weizenmehl
½ TL Backpulver
1 Prise Salz
2–3 EL Milch

Butter und Zucker hell und luftig aufschlagen. Das Ei unterrühren. Dann Mehl, Backpulver, Salz und Milch einarbeiten. Mehr Milch hinzufügen, falls der Teig trocken wirkt. In Frischhaltefolie wickeln und mindestens 1 Stunde im Kühlschrank ruhen lassen.

Den Backofen auf **200 °C** vorheizen. Den Teig 4 mm dick ausrollen und daraus mit einem Ausstecher Plätzchen ausstechen. Auf ein mit Backpapier ausgelegtes Backblech setzen und **5–7 Minuten** hell goldgelb backen. Nicht zu dunkel werden lassen.

Variationen

Aus der Hälfte der ausgestochenen Kekse vor dem Backen noch ein kleines Herz oder Ähnliches ausstechen. Die abgekühlten Plätzchen mit Konfitüre bestreichen und die Plätzchen mit „Guckloch" darauflegen. Beide Plätzchen zusammendrücken.

Zwei halbe Teigportionen herstellen. Bei der zweiten Portion zusätzlich 2 Esslöffel ungesüßtes Kakaopulver untermengen. Beides zu gleich großen Rechtecken ausrollen, übereinanderlegen und aufrollen. Die Rolle in 4 mm dicke Scheiben schneiden und wie oben beschrieben backen.

Getrocknete Orangen mit Schokolade

Den Backofen auf **40–50 °C** vorheizen, Die Orangen vom Stielansatz aus in dünne Scheiben schneiden. Auf ein mit Backpapier ausgelegtes Backblech legen und jede halbe Stunde wenden.

Die Orangen sind fertig, wenn sie trocken, aber noch etwas weich sind. Die Orangenscheiben bis zur Hälfte in geschmolzene Zartbitterschokolade tauchen und in einem schönen Geschenkkästchen ansprechend arrangieren.

Register

ISBN: 978-3-8094-3375-0

© 2014 by Bassermann Verlag, einem Unternehmen der
Verlagsgruppe Random House GmbH, 81673 München
© der deutschen Originalausgabe 2012 by Bassermann
Inspiration, einem Unternehmen der Verlagsgruppe Random
House GmbH, 81673 München
© der Originalausgabe 2010 by Det Norske Samlaget
Norwegian edition published by Det Norske Samlaget, Norway
Published by agreement with Hagen Agency, Norway
Originaltitel: Godt å gi bort

Alle Fotos, inklusive der auf dem Umschlag:
Nina Dreyer Hensley und Jim Hensley
Umschlaggestaltung: Pernille Våge, Ville Våge,
deutsche Umsetzung von Atelier Versen, Bad Aibling

Die Ratschläge in diesem Buch sind von den Autoren und
vom Verlag sorgfältig erwogen und geprüft, dennoch kann eine
Garantie nicht übernommen werden. Eine Haftung der Autoren
bzw. des Verlags und seiner Beauftragten für Personen-, Sach-
und Vermögensschäden ist ausgeschlossen.

Realisation der deutschen Ausgabe:
trans texas publishing, Köln
Übersetzung: Melanie Schirdewahn, Köln
Satz dieser Ausgabe: trans texas publishing, Köln
Druck: Mohn media Mohndruck GmbH, Gütersloh

Printed in Germany

Verlagsgruppe Random House FSC-DEU-0100
Das für diesen Titel verwendete FSC®-zertifizierte Papier
Profimatt wurde produziert von Sappi Ehingen.

643080340212